POCHADE

SUR UNE

PARTIE DE BOULES

DITE GRATTÉE

Mêlée d'appréciations sur la Gymnastique du Jeu de Boules,
par différents Docteurs

Et suivie du Chant des Joueurs de Boules du Clos-Jouve (chœur)

Par TIRE-MOLLE

Ornée du Portrait du Doyen des Joueurs de Boules du Clos-Jouve.

ILLUSTRÉE PAR LABÉ

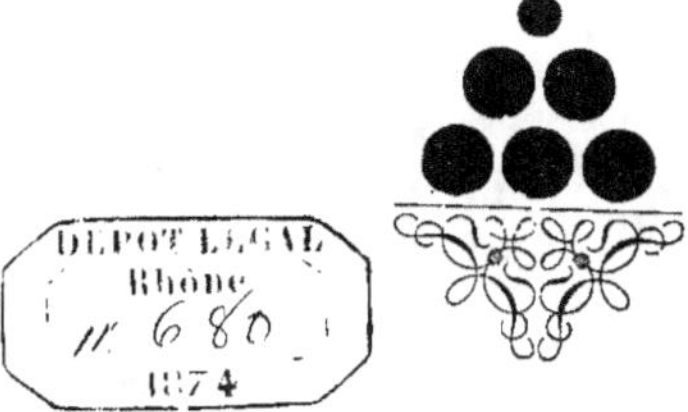

LYON

IMPRIMERIE L. BOURGEON

Rue Mercière, 92

1874

NOTA. — Il est bon de savoir qu'une partie de boules grattée, est celle où d'un côté il ne s'est pas fait un seul point, de ce que l'autre côté à fait tous les points que composent la partie convenue. C'est ainsi qu'on dit aux perdants *vous avez gratté*, terme connu, adopté à Lyon.

DISCOURS D'OUVERTURE

DE LA

FÊTE DES JOUEURS

A L'ADRESSE DU DOYEN

Faisant allusion à la Gymnastique du Jeu de Boules

MESSIEURS,

Il est de vieille tradition que les honneurs d'une fête doivent être décernés au doyen d'âge de la société.

JOUEURS DE BOULES DU CLOS-JOUVE,

Nous sommes heureux de posséder parmi nous un vieillard octogénaire, qui peut encore, de la partie de boules, en disputer les points avec avantage ;

A BON NOMBRE DE JOUEURS,

M. X... a traversé une longue carrière fort honorable, en pratiquant un travail pénible et assidu, à la suite duquel il s'est toujours donné pour distraction principale, ce bon Exercice des boules, lequel, j'aime à penser, a dù contribuer beaucoup à faire fleurir cette belle santé, laquelle ne s'est jamais démentie, et dont il jouit heureusement encore aujourd'hui dans toute sa plénitude. A nous, de faire tous nos efforts pour l'imiter.

Et de là pouvoir espérer.

Ainsi, Messieurs, c'est donc, tous animés d'un sentiment de respect et de vénération pour notre Doyen, que nous venons lui offrir ce Bouquet, dont les fleurs sont toute l'expression emblématique de nos plus fidèles sympathies.

DOYEN
des Joueurs de Boules du Clos-Jouve

POCHADE

SUR UNE

PARTIE DE BOULES

DITE GRATTÉE

LUE POUR LA PREMIÈRE FOIS

A LA

FÊTE DES JOUEURS DE BOULES

CÉLÉBRÉE

Au Café du Levant

BOULEVARD DE LA CROIX-ROUSSE, 21, A LYON

Le 17 octobre 1874

INTRODUCTION

Des parties de Boules, un beau jour de printemps,
Affluaient les joueurs au Café du Levant.
Là, les plus intrépides ont formé la partie,
Et bon nombre d'entr'eux formèrent galerie.
On choisit le Clos-Jouve pour mesurer les chances,
De tous les Jeux de Boules, le plus beau de France.
Et le mieux situé, superbe position,
Ainsi que le plus vaste de tous jeux de Lyon.
On y respire à l'aise un air et des plus purs,
On y contemple au loin la plus belle nature;
Là, peuvent se former bon nombre de parties,
Toutes accompagnées d'immenses galeries,
Sans que nul joueur, pas plus que l'assistant,
Ne court aucun danger : au Clos pas d'accidents.
Jeu le plus varié, le plus accidenté,
Possédant à lui seul toutes difficultés ;
Il n'est pas de routine, il n'est pas d'habitudes,
A chaque but jeté, il faut nouvelle étude.
Des plus belles parties il a le monopole,
On peut, de ses joueurs, former la haute école.
Pour le mieux résumer, le jeu le plus savant,
En ce jeu, les meilleurs n'ont pas de concurrents.

DISTRIBUTION DE LA PARTIE

La dite partie est formée de 8 joueurs, tous de 1re classe, dont les noms suivent

D'une part:		**D'autre part:**	
Côté 1er.		*Côté 2me.*	
TIRE-BUT.	N° 4.	HAUTE-TIRE.	N° 5.
TIRE-DROIT.	N° 1.	TIRE-MOLLE.	N° 3.
BIEN-AJUSTE.	N° 2.	BIEN-ACCROCHE.	N° 7.
BIEN-APPROCHE.	N° 6.	COCQ-BUT.	N° 8.

Sur le tableau on peut retrouver chaque joueur placé verticalement au-dessus de son numéro.

Noms des Joueurs formant galerie :

Touche-Rare.		Bien-Arrondi.	
Tire-Bas.		Paume-Bien.	
Tire-Court.	TIREURS	Mal-Accroche.	POINTEURS
Tire-Long.		Mal-Donne.	
Touche-Près.		Serre-Fort.	

La dite partie est présidée par le célèbre

ARCHI-BOULE

Ce joueur distingué s'étant fait remarquer à certaine époque, par sa belle jouerie, fut tout d'abord décoré du **Grand Cordon de la Boule d'Or;**

Et puis un peu plus tard, à la suite d'un succès toujours croissant, fut définitivement nommé **Comte-de-longs-pas.** Titre dignement mérité?

Car c'est à ce joueur remarquable que nous devons le plus grand perfectionnement de la **machine à raccourcir le jeu.**

On convient de faire 3 parties de 12 points, dites parties liées ou le plus tôt 2, avec l'enjeu ordinaire de la plupart des parties qui s'exécutent au Clos-Jouve, **Honneur et Blague.**

On exécute les 2 premières parties.

La 1re est gagnée par le côté Tire-But;

La 2e est gagnée par le côté Haute-Tire.

TROISIÈME ET DERNIÈRE PARTIE

DITE

PARTIE GRATTÉE

Enfin va commencer la troisième partie,
Joueurs, face à face, du regard se défient.
Tous, le cœur animé du jeu qui les distrait,
A tous, cette partie offre un nouvel attrait.
Tous disent : c'est la Belle, d'elle dépend le sort !
Pensent : elle est à nous ! Tous se croient les plus forts.
Puis, le but à la main, jeté par Bien-Approche,
Ce célèbre pointeur que jamais rien accroche,
Du courageux Bayard, imitant les vertus,
Sans peur et sans reproche quand il mène le but.
Puis, faisant les honneurs au pointeur adversaire,
Cocq-But lui répond : je dois vous laisser faire.
Aussitôt, Bien-Approche avançant avec grâce,
Sa boule près du but, vint sitôt prendre place.
Le côté Tire-But réussit, et si bien,
Que seul il a marqué jusqu'au onzième point.
Le côté Haute-Tire ému de l'insuccès,
On eût dit à le voir qu'il prenait un accès,
A ce moment fatal, veut enfin se montrer,
Hors de là, plus d'espoir, partie il faut gratter ;
Enfin, par Bien-Approche, encore le but jeté,
Voyant ses adversaires en grande anxiété,
Se dit : c'est le moment de se montrer rebelle,
Veux seul, par mes deux boules, obtenir cette Belle.
De sa première boule lancée élégamment,
Vers le but dirigé y pris place à l'instant.
A son tour Cocq-But s'élance pour pointer,

Entre boule et le but la sienne vint se placer.
Aussitôt Tire-But veut tirer cette boule,
Ne fait que l'effleurer au loin la sienne roule.
De sa deuxième boule il retire et sitôt,
De boule, Cocq-But prit place et fit carreau.

Derniers Efforts du côté de Haute-Tire.

PREMIER POINTEUR.

Cocq-But veut pointer, mais prenant sa toquade,
Pour raccourcir le jeu, fait cinq ou six gambades.
Il veut pommer la boule et tellement serrée,
Que tout près de ses pieds sa boule est retombée.

DEUXIÈME POINTEUR.

Bien-Accroche en pointant de sa première boule,
Craignant de mal tomber de ses pieds il la roule.
Mais à demi-portée rencontra une pierre,
Qui la fit ressauter et tourner en arrière.
De sa deuxième boule espérant faire mieux,
Allonge de grands pas pour raccourcir le jeu.
Avance la donnée pour dégager le but,
Mais accroche un gravier et saute par dessus.

DEUXIÈME TIREUR.

Tire-Molle va pour pointer de sa première boule,
Dit : voyant sa donnée, droit au but elle roule.
Mais hélas ! près d'elle est un terrain mouvant,
Où sa boule tombée, resta sans mouvement.
Pour pointer la deuxième il y met tant d'action,
Veux raccourcir le jeu se fend jusqu'au menton;
Le pied mal assuré glisse sur une pierre,
Enfin perd l'équilibre, tombe sur son derrière,
Se relève furieux et ne veut pas qu'on rie,
S'en fut cacher sa honte hors de la galerie.

Situation de plus en plus grave. Dernier espoir.

PREMIER TIREUR.

Haute-Tire, de ses boules voudrait sauver le coup,
Tire au but, la première ne toucha pas du tout.
Dit, montrant sa deuxième : je tiens dans cette main,
Le sort de la partie ou la perte ou le gain.
Quoi ! la situation ne fait que s'aggraver,
En perdant la partie aussi faut la gratter !
Par un retour heureux son esprit se ranime,
Le regard plein de feu, visage s'enlumine,
Puis lançant sa dernière pour rouler le but loin,
Dans ses boules l'entraine en se donnant trois points.
Aussitôt Bien-Ajuste veut tirer le but,
Sa boule trop forcée est passée par dessus.
Tirant de sa deuxième a pris le but si plein,
Fut suivi de sa boule pour le douzième point.

ASPECT GÉNÉRAL DU CLOS-JOUVE

Au moment où la partie est grattée.

La partie est finie on entend murmurer,
Toute la galerie ne fait que chuchotter.
Les plus hardis se disent: on les a fait gratter.
Et jusqu'aux plus timides ont voulu s'en mêler.
Puis nos quatre gagnants, tous d'un air triomphant,
Dans leur satisfaction se crurent des géants.
Les malheureux perdants semblent si abattus,
Que tous les assistants en ont le cœur ému.
Et l'on vit tout-à-coup changer le spectacle ;
On crut voir à l'instant s'opérer un miracle.
Tous semblent stupéfaits et tous restent muets,
Chacun garde sa place en prenant l'air discret.
La cloche des Chartreux tintant fort doucement,
Passa du carillon au glas d'enterrement.
Derrière un gros nuage le soleil caché,
Comme par une éclipse interdit sa clarté
Puis on entend au loin une voix qui s'échappe,
Celle d'un perroquet qui sans cesse dit : gratte !
Gratte ! gratte ! gratte ! gratte ! gratte ! gratte !

Un âne qui passait exprimant sa gaîté,
N'ayant cessé de braire, enfin fut arrêté.

Un cantonnier présent plein d'ardeur et de zèle,
Était depuis longtemps appuyé sur sa pelle ;
De ce qui se passait sentant la commotion,
Du manche de sa pelle s'échappa son menton.

Un pompier qui, présent à cette comédie,
Crut dans son illusion entrevoir l'incendie,
S'élance avec ardeur, jura tout aussitôt,
De porter son boyau dans l'endroit le plus chaud.

Tous les Joueurs du Clos à ce moment fatal,
Eurent de la commotion, tous une part égale.
Les boules de leurs mains à la fois échappèrent,
Tous crurent sous leurs pieds, sentir trembler la terre.
Entendirent au loin une sombre rumeur,
Quand pour les arracher de sinistre frayeur.
On entendit dans l'air un nom qui retentit,
Ce nom si redouté, est le nom de Fany.

Gonflé par le silence, on y peut plus tenir,
La joie dans tous les yeux, cherche à s'épanouir.
Alors tous à la fois d'un gros rire on éclate,
Les visages rougis du plus bel écarlate.
De bruyantes clameurs, chacun les accompagne,
Du côté du Café, on les voit qui regagnent.
On entend les perdants, émus de leur chagrin,
Répéter tous en chœur, noyons-le dans le vin.
Puis nos quatre gagnants, enivrés du succès,
Dirent, faut le noyer en buvant à longs traits.
Et vainqueurs et vaincus, ici tous se confondent,
Le bon jus de Bacchus, boivent tous à la ronde.
Puis on discute enfin du jeu, le différend,
La discussion s'engage entre quatre perdants.

Au pointeur, le tireur dit : fallait mieux pointer,
Ne tomber sur les pierres et s'en faire accrocher.
Mesurer la distance et choisir le passage,
Tel est pour le pointeur le plus bel avantage.
Au tireur, le pointeur dit d'un air fort tranquille :
Pour vous de mieux tirer, chose est bien plus facile.
Plus heureux qu'un pointeur, votre boule en l'espace,
Ne peut ni s'accrocher ni faire volte-face.
En mettant juste et droit votre boule assurée,
Ne peut se détourner, l'autre est toujours touchée.

Un des Joueurs présent à cette discussion,
Craignant d'en jamais voir toute définition,
Dit: Pourquoi discuter sur la perte ou le gain ?
Qui gagnent aujourd'hui peuvent perdre demain.
Attendant que le sort choisisse ses héros,
Buvons, mes bons amis, buvons, buvons à flots.
Recherchons la gaité et sa sœur la folie,
Comme de francs-viveurs, buvons jusqu'à la lie.

Le grand Docteur Archi-Bracque

Présentant l'exercice du Jeu de Boules comme hygiène.

Disait un grand docteur à l'un de ses malades :
On doit toujours donner but à la promenade,
Alimenter le corps par la locomotion,
Et fournir à l'esprit toute satisfaction.
Conserver à tous deux une douce harmonie,
Est excellent moyen d'entretenir la vie.

A l'idée du docteur, rien de mieux ne répond,
Que la partie de boules en ses combinaisons.
Il veut qu'on ait un but, alors qu'on se promène :
Aux boules, il est toujours deux buts qui vous entrainent :
Le premier est celui qui vous conduit au jeu,
Le deuxième est celui qui fixe tous vos vœux.

ARCHI-BRAQUE

archi-Toque

Le Docteur Archi-Tocque

Présentant son nouveau traitement pour les Douleurs.

Disait un vieux docteur à qui l'expérience,
Avait sur certain point dépassé la science,
A un nouveau client que depuis bien longtemps,
Un rhumatisme aigu rendait toujours souffrant :
Vous avez bien souvent suivi nos ordonnances,
Et n'avez rien changé à toutes vos souffrances.
L'un couvre la douleur par de nombreux topiques,
Ou l'autre les bains russes ou hydrothérapiques.
Si parfois vous suivez de Raspail la méthode,
Ce nouveau traitement toujours fort à la mode.
C'est l'alcool camphré ou bien l'eau sédative,
La pommade camphrée à frictions récidives.
A tous ces traitements en est un il me semble,
Qui vaut à lui tout seul plus que tous trois ensemble :
La partie de boules en ses combinaisons,
Peut avec avantage imiter les frictions.
Ainsi que les bains russes ou hydrothérapiques,
Tous les déchirements causés par les topiques.
Par ses bons exercices entretient la moiteur,
D'un sang trop épaissi dégage les humeurs.
Si vous n'êtes guéri fort radicalement,
Vous trouvez la gaîté et grand soulagement.

Le Charlatan Archi-Blague

*Présentant l'exercice du Jeu de Boules comme soulagement
à tous les maux.*

Archi-Blague fut un charlatan distingué qui ayant beaucoup voyagé, avait fortement altéré sa santé ; revenu à Marseille, sa ville natale, fut consulter un grand docteur, lequel après l'avoir examiné sérieusement, lui fit l'ordonnance que voici :

ARTICLE PREMIER. — Suivre strictement le régime doux et confortable indiqué.

ARTICLE DEUXIÈME. — Gymnastique agréable, choisir de préférence l'exercice du jeu de boules ; en prendre : une dose d'une heure avant le repas pour mettre en appétit ;

Une dose de deux heures avant le coucher pour vous faire dormir.

Le célèbre Archi-Blague, rétabli en peu de temps, fut tellement enivré d'un tel succès, qu'un certain soir au moment de faire la parade ordinaire, s'élançant sur le coupé de sa voiture pour annoncer les fameuses pilules guérissant tous les maux ; au lieu d'en saisir la boite, saisit une boule et se mit à débiter l'exclamation que voici :

EXCLAMATION.

Par ce médicament moi qui ne suis docteur,
Veux pouvoir soulager les plus grandes douleurs.
Tel que la pleurésie et fluxion de poitrine,
Névralgie, rhumatisme et la couenneuse angine.
Ainsi que le catarrhe, la cruelle bronchite,
Retarder de vingt ans la prompte mort subite.
Combat l'apoplexie, jusqu'à l'hydrophobie,

ARCHI-BLAGUE

Guérison radicale à la mélancolie.
Redonne la vigueur à tout paralytique,
Et la respiration à tous les asthmatiques.
Par lui, plus de migraines ou maladies nerveuses,
La cure à tous les maux doit être merveilleuse.
Ce nouveau traitement à l'avenir, je pense,
Fera de tout docteur taire les ordonnances.
Non ! plus de magnésie, ni séné, ni rhubarbe,
Plus de vésicatoires pas plus que de moutarde.
Système globuleux, dit homœopathique,
Veux voir les pharmaciens tous fermer leur boutique.
A traiter de tout temps par les meilleures méthodes,
Le mal par le mal fut toujours à la mode.
Par ce médicament le sens est renversé,
C'est le mal par le bien, le noir par la gaité,
Je veux à l'avenir que ce bon exercice,
Soit pratiqué partout, jusque dans les hospices.
Enfin que tout malade à bout de ses souffrances,
Distraie par ce jeu toute convalescence.
Jusqu'aux plus infirmes disposant de leurs mains,
Je veux les voir jouer, portés en palanquins.
Jamais ce traitement mit le danger en cause,
On peut doubler, tripler ou quadrupler la dose.
Par les autres méthodes nous payons les erreurs,
De tous les pharmaciens ainsi que des docteurs.
Non ! plus d'hésitation, plus de tâtonnement,
Chacun doit adopter ce bon médicament.
Pour tous ceux qui voudront quelques renseignements,
Veuillez vous adresser au Café du Levant.

CONCLUSION

Lecteurs qui me lisez, excusez la Toquade,
D'un amateur de boules, un joueur passionné.
Si je me suis permis d'écrire une pochade,
Un vrai salmigondis, sur mon jeu préféré,
Vous pouvez, s'il vous plait, critiquer ma folie,
Critiquer mes erreurs, et mon piètre savoir.
De quelques vers cassés la tête trop garnie,
Puisse enfin ma gaité former le réservoir.

Si parfois un beau jour me prenait fantaisie,
Recherchant les honneurs et la postérité,
Essayant pénétrer jusqu'à l'Académie,
Sans nulle protection puis être présenté.
Mu par certain accès, sachant payer de mine,
Armé de mes produits, œuvres assez mal traitées,
Loin du grand vestibule passant par la cuisine,
Je veux de ce récit faire mon plat d'entrée.

Imp. BOURGEON, rue Mercière, 92, Lyon.

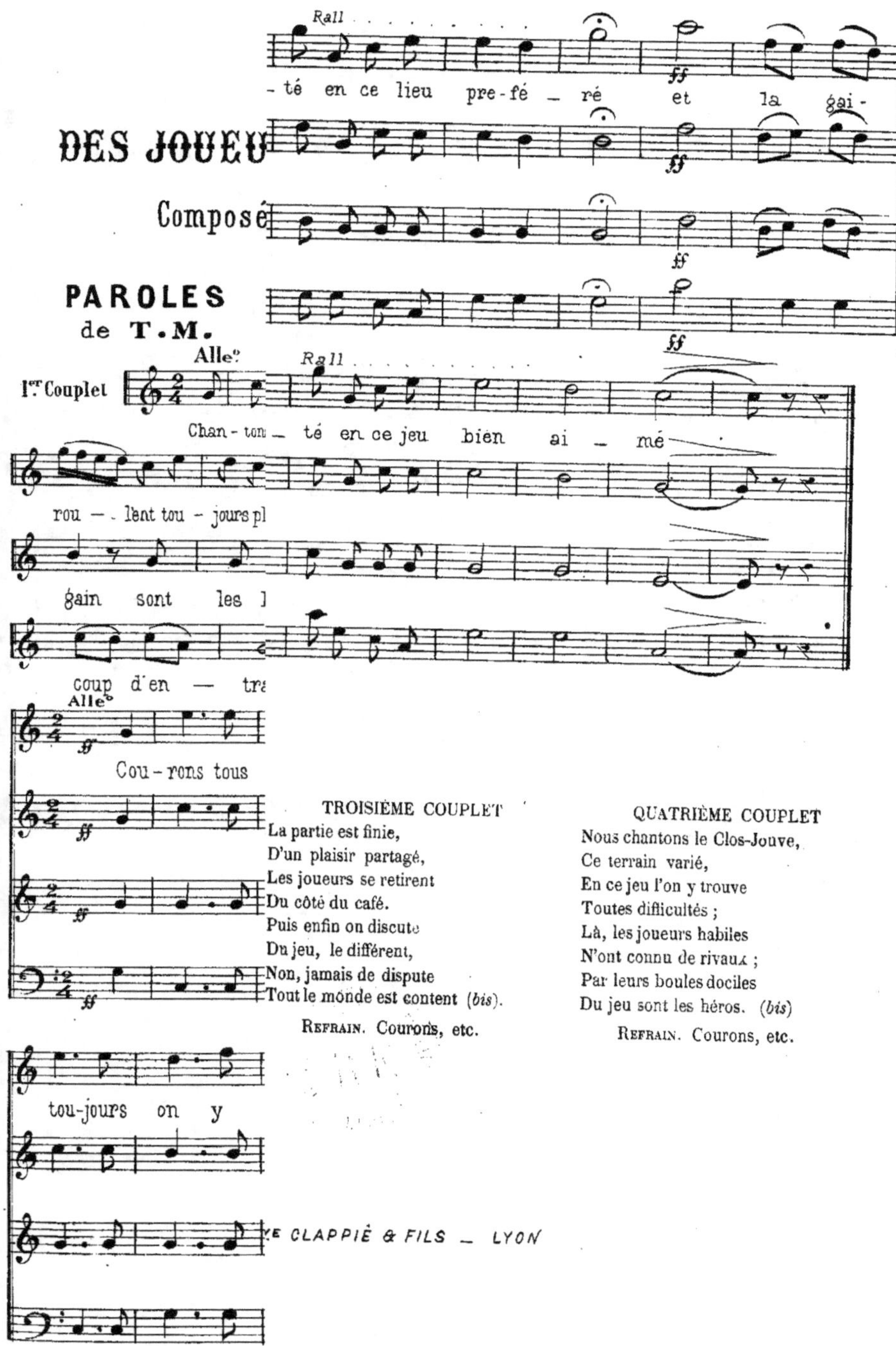

TROISIÈME COUPLET
La partie est finie,
D'un plaisir partagé,
Les joueurs se retirent
Du côté du café.
Puis enfin on discute
Du jeu, le différent,
Non, jamais de dispute
Tout le monde est content (*bis*).

REFRAIN. Courons, etc.

QUATRIÈME COUPLET
Nous chantons le Clos-Jouve,
Ce terrain varié,
En ce jeu l'on y trouve
Toutes difficultés ;
Là, les joueurs habiles
N'ont connu de rivaux ;
Par leurs boules dociles
Du jeu sont les héros. (*bis*)

REFRAIN. Courons, etc.

CHANT
DES JOUEURS DE BOULES DU CLOS JOUVE

Composé pour leur Féte du 17 Octobre 1874

PAROLES de T. M.   **MUSIQUE** de G. B.

DEUXIEME COUPLET

Se forme la partie
Heureux. ceux qu'elle admet,
Des joueurs l'œil pétille,
Chacun voit le succès;
On entre dans l'arène,
Chacun joue de son mieux,
Le plaisir est extrême,
Tout le monde est joyeux (bis).

REFRAIN. Courons, etc.

TROISIEME COUPLET

La partie est finie,
D'un plaisir partagé,
Les joueurs se retirent
Du côté du café.
Puis enfin on discute
Du jeu, le différent,
Non, jamais de dispute
Tout le monde est content (bis).

REFRAIN. Courons, etc.

QUATRIEME COUPLET

Nous chantons le Clos-Jouve,
Ce terrain varié,
En ce jeu l'on y trouve
Toutes difficultés;
Là, les joueurs habiles
N'ont connu de rivaux;
Par leurs boules dociles
Du jeu sont les héros. (bis)

REFRAIN. Courons, etc.